1

Bibliographische Informationen der Deutschen Bibliothek:
Die Deutsche Bibliothek verzeichnet diese Publikation in der
Deutschen Nationalbibliografie; detaillierte bibliographische Daten
sind im Internet über http://dnb.ddb.de abrufbar.

Impressum:
Autor und Herausgeber: Dieter Melzer
Herstellung und Verlag: Books on Demand, Norderstedt
Printed in Germany 2014
Abbildungen: selbsterstellte Fotos

ISBN 978-3-732-296316

Ausblicke - Einsichten

Gedichte von Dieter Melzer

Natur

Frühling

Wolkenvorhang hebt sich
noch fröstelt´s mich
im winterlichen Abschiedshauch
bei traurig kahlem Baum und Strauch.

Doch warme Sonnenstrahlen
malen
erste Tupfer in die Gärten
laden Vögel zu Konzerten.

Kalte Erde bricht
Zuversicht
vom Winterschlaf erwacht
keimt Frühlingspracht.

Warme Regen
hegen
Hoffnung auf laue Lüfte
wundervolle Düfte.

Tausendfaches Blühen
sprühen
Licht und Helligkeit
herrliche Frühlingszeit.

Möchte halten diese Wonne
Sonne
unterwegs in weiten Räumen
Frühling macht mich träumen.

Paradies

Früh am Morgen Dämmergarten
wundervolles Glücksgefühl
noch ganz jung das Farbenspiel -
Tageserwarten.

Plötzlich bunte Primeltupfer
eingebettet in das Grün
Wind- und Blumenmelodien
Frühlingsharfenzupfer.

Kleiner Garten, große Welt
ist nicht alles, ist nicht dies
Teil vom frühen Paradies
unter´m Himmelszelt?

Frühlingseinsicht

In schüchternen Aprilsonne
noch immer Wintergesichter
kalt und hart wie der Frost
der letzten eisigen Nacht.

Zwitschernder Buchfink auf der Pappelspitze
keckes Eichhörnchen am Vogelhaus
farbklecksende Frühlingsblüher ringsumher
alles wundert sich auch in diesem Jahr -

über uns Menschen
die so zögernd fühlen und begreifen
ihr Leben als Einheit mit der Natur
beim Werden und Vergehen
in dem immer wieder beglückenden Kreislauf.

Blumen

leuchten
auf Wiesen
an Bächen und Flüssen
und in den Bergen
grüßen
aus Gärten
und am Wege
laden ein
zum Bestaunen
ihrer Farben
ihrer großen Vielfalt
und ihres herrlichen Duftes
möchten verweigern
die Berührung
und das Pflücken
beneiden vielleicht
die Dornen
der stolzen Rose
ihrer heimlichen Königin.

Weg durch den Sommerwald

Befreite Schritte in den Wald
und weiter
hinein und zu mir selbst -
Ahorn und Brennnessel
bedrängen den schmalen Pfad
sind keine Fessel
meines frohen Gangs
über kantige Stolperwurzeln
und Moderlaub vom letzten Herbst.
Der kleine Weg bergan
schlängelt unter Blätterdächern
zauberhaft der Bann
wenn Sonnenstrahlen löchern
das vielfältige Grün -
tausendfaches Schwirren
sommerseliger Insekten
zwischen Spinnennetzen und
rankenden Unkrautarmen
Gedanken flirren
in fast schwarzer
Schattenungewissheit -
nun Vögel Echowettstreit
im hohen Geäst und
auf warmen Sonnenflecken
im frischen Gräserkleid
hier, gerade hier
der schützende Friede
nur bei mir erlösend
für Herr und Hund -
unser Leben
das der Alltag versäumt
wie bunt!

Der alte Baum

Es gibt ihn noch den alten Baum
dort oben an des Waldes Saum
gewachsen schon vor aller Zeit
ein Sinnbild für Beständigkeit
so trotzt er Wind- und Sturmgewalt
durch zäher Wurzeln Erdenhalt
die Jahreszeiten zählt er nicht
und auch nicht Nacht- und Tageslicht
wenn ringsum Werden und Vergeh´n
ob kalt´ ob warme Lüfte weh´n
der alte Baum schaut in das Land
und wird von jedem gleich erkannt
ob Sonnenschein ob Eis ob Schnee
das lang vertraute Bild ich seh´
er breitet seine Zweige aus
ist nicht nur Vögeln ein Zuhaus´
wir alle waren seine Gäste
und feierten die schönsten Feste
so eingeritzt in seine Rinde
ich manche Namen wiederfinde
die waren uns mal sehr vertraut
als wir noch froh nach vorn geschaut
geblieben sind nur noch die Namen
denn viele nicht mehr wieder kamen
doch hör´ den alten Baum ich raunen
verlieret niemals das Erstaunen
ein jedes Leben ist ein Schatz
ihr sollt bewahren diesen Platz.

Im Wald

Geheimnisvoller grüner Wald
auf immer jung und doch so alt
Platz wohliger Geborgenheit
von Hast und Ängstlichkeit befreit
so Herz und Seele kann gesunden
in wunderbaren Ruhestunden
in Höhlen Regentropfen lauschen
wenn dichte Blätterdächer rauschen
wo man im herrlich kühlen Schatten
sich leichte Muße darf gestatten
gebannt den Blick auf Sonnenflecken
die Lust auf Sommerwärme wecken
und Riesenbäume wie Gespenster
dazwischen kleine Himmelsfenster -
dann wandern auf verschlung´nen Pfaden
oft in Begleitung von Zikaden
mit einem Male eine Lichtung
Erinnerung an Kinderdichtung
wo zarte Feen sich verstecken
den Boden tausend Blüten decken
und über all den bunten Pflanzen
verspielte Mückenschwärme tanzen -
wer möchte nicht die Zeit gestalten
und solch´ Momente länger halten
bis endlich ruft des Waldes Späher
der immer wache Eichelhäher
nur kurz ist dies ein Menschenort
ihr seid nur Gäste – müsst jetzt fort!

Am See

Und wieder Unruh die ich nicht versteh
drum zieht´s mich hin zu meinem See
der liegt von dichtem Grün umsäumt
in einem Walde ganz verträumt
im klaren Wasser mein Gesicht
helldunkel wie das Abendlicht
die Wasserfläche spiegelglatt
bis leise treibt ein kleines Blatt
zieht schmale Furchen ins Gesicht
ich heb den Kopf und es zerbricht
ins Wasser werf ich einen Stein
und fühl mich wundersam allein
bis plötzlich kleine Fische springen
die winz´ge Wasserkreisel bringen
jetzt langsam spüre ich den Frieden
an diesem Platz so abgeschieden
die Bäume werfen lange Schatten
und dennoch Ast und Grün gestatten
den Blick ins schwache Himmelsblau
den wunderbaren Überbau
für diesen einzig schönen Flecken
nur Stille ohne jeden Schrecken
so dass im leisen Abendwinde
ich meine Ruhe wiederfinde.

Sommerregen

Grau der Himmel – Sommerregen
dunkle Wolken wenig Licht
viel zu kalte Winde fegen
nasse Nebel ins Gesicht.

Alles scheint so trüb und schwer
und so fern der Sonne Schein
traurig ist es ringsumher
kein trock´ner Pfad kein warmer Stein.

Mensch und Tier der Nässe flieht
hoffend auf des Regens Ende
dass der Vorhang hoch sich zieht
Sonne wieder Wärme spende.

Doch selbst endlos Sommerregen
trübt nicht lang und dauerhaft
Zuversicht ins Fortbewegen
Sonnenstrahl den Durchbruch schafft.

Wolken

Wolken auf der Himmelsrunde
sind oft mehr als Wetterkunde
zieh´n vorbei wie Lebens Sinnbild
gleich ob sanft sie oder wild
ganz früh bei ersten Sonnenstrahlen
in heller Morgenröte malen
Bilder sie in großer Farbenpracht
von tausend Feuern angefacht
erinnern an Geburt und Werden
an Dasein und Vergeh´n auf Erden
und wenn die letzten Nebel flieh´n
danach die Federwölkchen zieh´n
am blauen Himmel ihre Bahn
vergleichbar mit der Jugend Wahn
wie der der einmal luftig oben
sei lang auf Dauer abgehoben -
doch Schäfchenwolken wunderbar
sind auch im Leben ziemlich rar
herrlichen Zeiten heiß und kurz
folgt oft ein böser Wettersturz
mit Wolkenbrüchen und Gewittern
bei Blitz und Donner zum Erzittern
gleich tiefem Fall in unserm Leben
da wir noch froh war´n gerade eben
d´rum Wolken die verheißen Regen
sind eigentlich ein rechter Segen
die Erde atmet darf neu hoffen
nach Regen ist der Himmel offen.

Meer und Himmel

Blick in die Unendlichkeit
Meer und Himmel ohne Zeit
vereinen sich am Horizont
mal düstergrau mal hell besonnt.

Fern von aller Erdenschwere
jagen stolze Wokenheere
ändern ständig ihr Gesicht
sind erhellt im Sonnenlicht.

Wind aus hohen Wolkentürmen
schickt sich an zu neuen Stürmen
wird die sanften Wellen schlagen
bis die Wogen Kronen tragen.

Wasserwüste ohne Ende
abwärts ziehen tausend Hände
doch darüber Sternentrassen
Silberglanz vom Mond dem blassen.

Blick in die Unendlichkeit
Meer und Himmel sind Geleit
auf dem winzig kurzen Stück
das wir nennen Erdenglück.

Herbst

Der Sommer geht ganz leise
schenkt uns die letzte Wärme
fort setzt das Jahr die Reise
und ruft die Vogelschwärme.

Matter der späten Sonne Glanz
und dennoch große Farbenpracht
geschmückt die Welt mit einem Kranz
aus bunten Feuern angefacht.

Schwer sind der Bäume Früchte
goldgelbe süße Last
im fahlen Morgenlichte
sind Bienen nicht mehr Gast.

Dichte Nebel weben Schleier
verhüllen Wald und Wiesen
verzaubern Fluss und Weiher
woll´n Stadt und Land umschließen.

Welke Blätter klammern
an spröden Zweigen im Geäst
die ersten Winde jammern
und gar nichts hält mehr fest.

Die ersten Stürme rüsten sich
im Laube meine Schritte
ein wenig schon ich fürchte mich
ich hab nur eine Bitte -

O Herbst komm freundlich nicht zu kalt
behutsam Frost und Eis
auch ich wird langsam herbstlich alt
allmählich schließt der Kreis.

Winter

Hoher Himmel kalt und klar
frierend eine Vogelschar
über tief verschneiten Feldern
und den klirrend frostig Wäldern.

Was in kahlen Ästen singt
wie erstarrtes Leben klingt
unheimliche Winterruh´
Eis und Schnee deckt alles zu.

Mensch und Tier sich ängstlich ducken
dichte Nebel alles schlucken
was erträgt die Kälte nicht
und heraus will an das Licht.

Licht und Wärme – Winterende
Hoffnung auf die Zeitenwende
jährlich sehnsuchtsvolle Fragen
nach den erste Frühlingstagen.

Tagesvielfalt

Erwachen

Bisweilen entgleitet mir
die Nacht
zu früh am Morgen
wenn laute Stimmen helles Licht
den Kopf besetzen
und das Gesicht
des Tages
hat wieder mal die Macht.

Dann wünscht ich mir
zurückzukehren
in die Nacht
zu Schlaf und Frieden
wo Angst und Sorge
sich nicht mehren
und zugeklappt
ganz sacht
mein wenig sicheres Visier.

Doch vorerst noch endet
jede Nacht
der Tag verlangt sein Recht
lässt sich nicht hinhalten
wendet
mich immer neu
und verlacht
meine seltsame Scheu
zu erwachen.

April, April
(oder: vergebliche Annäherung)

April, April, das denk´ ich oft
wenn vieles kommt ganz unverhofft
so die Erkenntnis, bist nun alt
und etwas buck´lig die Gestalt
zuvor da glaubt´ ich, hätt´ noch Schwung
und die Bewegungen recht jung
doch als ich kürzlich mich mal traute
und heimlich in den Spiegel schaute -
April, April - welch´ krummes Wesen
die Messe ist ja längst gelesen!

Ich bin betrübt und muss gesteh´n
dass hübsche Frau´n mich nicht mehr seh´n
doch lächelte mir jüngst ´ne Kleine -
ich freute mich, na endlich eine!
April, April - ich seh´ von hinten
´nen flotten Jüngling zu ihr sprinten.

Nun denn, wenn´s Äuß´re nicht mehr zieht
und man die reichlich Jahre sieht
vielleicht gelassen überlegen
lässt sich so manches noch bewegen
mit Weisheiten ich brüste mich
April, April - man langweilt sich.

So kommt´s, dass ich sie nicht mehr will
die Scherz- und Frühlingszeit April
ich bleib´ in meinem Keller hocken
und trink´ den Lieblingswein ganz trocken
freu´ mich sodann auf Herbstens Tage
die führen zu der alten Frage
wird es am Schluss so richtig still
oder heißt´s wieder nur - April?

Glaubenssuche

Irrlicht als Schlussleuchte
meines Glaubens
weit entfernt
kaum mehr sichtbar
nur zu erahnen.

Was ist diese Welt
wenn kein Verstehen
ist Zufall zu planen
Glaube zu erlernen
da alles zerfällt?

Der Versuch
einer Annäherung
macht mein Irrlicht
klarer nicht
oder gar tröstlicher.

Illusionen

Solang man jung ist
liegt man im Gras
lässt Bäume in den Himmel wachsen
und hoch oben Wolken ziehen -
nichts trübt die Zuversicht.

Später wenn sich erste Risse
in den Bauten zeigen
und die Fäden
aus den Händen gleiten
kehren sich Versprechungen in Lügen.

Wertvorstellungen erweisen sich
als Irrtümer
in Gestalt von Illusionen
die zu lange täuschten
über sich und andere.

So sollte man dem schönen Schein
solange man ihn noch erkennt
nachwinken mit einem Lächeln
und ohne Trauer
gestorbene Wunschvorstellungen -
ohne Erwartungen
bleiben so Niederlagen aus.

Was könnte ich wenn ich gern wäre

Träumt´ mich heraus
aus meinem Ich
war mehr gefangen als zu Haus
von wo allmählich ich entwich.

Zwar seh´n mich alle wie zuvor
doch ist dies längst nur noch Fassade
der Sänger singt nicht mehr im Chor
er übt für sich die Serenade.

So kann mich niemand mehr durchschau´n
und nichts wird künftig mich erschrecken
frei bin ich wie ein dunkler Faun
der wartete ihn aufzuwecken.

Ja so wird alles jetzt viel klarer
es löst sich mancher falsche Schein
bin zwar bedeckt indessen wahrer
und mach´ mit keinem mich gemein.

Träumt´ mich heraus
aus meinem Ich
nicht holprig nun des Weges Rest
der beim Verzichten auf Applaus
in Abendsonne öffnet sich
und zeigt das Leben als ein Fest.

Spiegelungen

Schau in den Spiegel, bin erschrocken
bin ich das, dieser alte Brocken?
Grau-weißes Haar, fast Doppelkinn
der Mittelalter-Schmelz dahin
verdächtig kugelig der Bauch
der ganze Mann - ein müder Hauch.

Wenn schon das Äußre mich bedrückt
wie ist es innen dann bestückt?
Nur gut, dass dies nicht zeigt der Spiegel
denn davor hab ich einen Riegel
doch sieht´s nicht aus nach Happy-End
das Alter läuft nicht nur - es rennt.

So lass ich künftig Spiegelungen
sie zeigen nur: zu kurz gesprungen.

Abendgarten

Leichter Wind bewegt die Bäume
die sich unter Wolken wiegen
zärtlich flüstern Sommerträume
von dem Wunsch davon zu fliegen.

Fliegen durch den Abendgarten
unterm blassen Himmelszelt
um die Kühle zu erwarten
die zur Dämm´rung sich gesellt.

Alles wartet auf die Ruhe
neigt sich vor der stillen Nacht
und was immer ich auch tue
Sein und Denken werden sacht.

Tagesausklang

Der Tag ging fort
und hat zum Abschied
den Abend mir geschenkt
der bricht die letzten Lichter -
geheimnisvoller Schattenkönig
mit seinen langen Armen
deckt er alles zu
und jeder Laut
wird zu einem Flüstern
in beglückender Ruhe -
Vorbote der Ewigkeit?

Erkenntnis

Der Himmel liebkost
in bleierner Abendschwere
die Bäume meines Gartens
wie sie umsäumen
mich und meine Gedanken
bei dem vergeblichen Versuch
den Kreis der Baumwächter
zu verlassen.
So also bleiben sie
im Banne
dieser vertrauten Schatten
und flüstern mir zu:
Was willst du jetzt noch
himmelwärts bedenken
senk´ dich hinab
in diese träumerische Stille
und die ruhige Freude
der Tag war gut.

Sonnenuntergang

Wie oft noch
glüht der dunkelrote
Sonnenuntergang im Westen
an mir vorbei
und versucht
ganz langsam
mich mitzunehmen
in seinen warmen
Frieden
mit der Verheißung
des nächsten Tages -
geheimnisvoll wie alles
neues Leben
um mich herum
und in mir
in Erwartung
glücklicher Empfindungen
vor letztem
Sonnenuntergang.

Nacht

Geheimnisvolle Nacht
aus Dämmerung erwacht
sinkt langsam auf uns nieder
umfängt die Erde wieder

Noch ein paar Wolken jagen
die matten Strahlen tragen
des Tages letzte Lichter
auf unsere Gesichter.

Die Stille leise singt
und große Schwärze dringt
ganz langsam übers Land
von Frieden überspannt.

Und jedes Tun wird leise
wir gehen auf die Reise
von tiefem Schlaf und Traum
fern aller Zeit und Raum.

Die Stunden bis zum neuen Tag
sie kündet jeder Glockenschlag
erinnert so mit dunklem Beben
an unser kurzes kleines Leben
mit hellen und mit grauen Zeiten
wo Freud und Ängste uns begleiten
und wo nach Tagen allzu langen
die guten Nächte uns umfangen
als Vorboten der Ewigkeit
und Mahnung an versäumte Zeit.

Nachtgedanken

Der Himmel fällt herab
und ganz sacht
hat sich der Tag davongemacht.

Die letzten Vogelstimmen
dunkle Nachtgedanken
lassen alles wanken.

Das kurze Leben
begriffen wohl kaum
vorbei wie ein Traum.

Und Träume zerfallen
wie Sterne verglühn
so rastlos wir ziehn.

Erdengestalten
geboren gegangen
nur kurz hier gefangen.

Der Himmel fällt herab
nichts ist vollbracht
bleibt Schwärze der Nacht

Begegnungen

Heimatbegegnungen

Mein Leben stets an diesem Ort
Erinnerung Melancholie
an diese jene und auch die
die schon gegangen lange fort.

Es gibt sie noch die vielen Plätze
zwar ungemütlich oft verwandelt
bisweilen auch modern verschandelt
doch bleiben sie Erinnrungsschätze.

Beim Gang durch Höfe Tore Gassen
begegne ich dem eignen Schatten
und auch wenn Aug und Ohr ermatten
die alten Bilder nicht verblassen.

Kindheit Jugend Liebesglück
so viele altvertraute Stätten
die Wohl und Wehe eng verketten
auch wenn es lange liegt zurück.

Begegnung auch mit Einsamkeit
mit Misserfolg und Trauer
die endlos erst doch nicht von Dauer
denn auch Verluste heilt die Zeit.

Was bleibt mir täglich neu begegnet
die Wolken Sonne Luft und Wind
verlässliche Begleiter sind
was stört es schon wenn es mal regnet.

Auch Regen macht die Stadt noch schön
das frische Grün der großen Bäume
geheimnisvoll der Winkel Träume
nur mit dem Herzen ist´s zu sehn

Allein!

Plötzlich weiß ich -
mein Leben ist nicht Teil
von euch - von dir
mehr ein versäumtes Stelldichein
meist weiter fort
als hier -
und immer mehr allein.

War es gewollt
wurd´ ich bestimmt?
Menschen um mich -
keiner nahm
wahr ob denn mein Lachen
meiner Rede
glich.

Klagen leiser
Tränen verwischt
letztes Blatt am Zweig
wen kümmert´s
wenn es fällt
und schwache Glut
erlischt.

Einst hofft´ ich
wie ich liebt´ die Welt
so mochte sie auch mich
heute weiß ich -
ich bin ganz allein
unter Fremden ein Stein.

Brücken

Brücken bauen
sollten wir
den Menschen drüben trauen
die anders sind als hier.

Brücken verbinden
schaffen Nähe wunderbar
lassen Fremdenängste schwinden
machen neue Ziele klar.

Himmelsbrücken wären schön
luftig leicht in ferne Räume
die zu finden und begehn
bleiben wohl nur Tagesträume.

Eine Korbacher Straße

An manchen Tagen, in manchen Stunden
erscheinen Bilder, Gerüche und Klänge
die eigentlich schon fast entschwunden -
Erinnerung als leises Sehnen
an längst vergang´ne Straßenszenen,
an Junge, Alte, tausend Gänge
in der geliebten Heimatstadt,
die alles war und ist und hat.

So seh ich sie noch heut vor mir
vor´m Umbau in Passanten-Zonen:
die Straße nach Professor Bier,
sie war vor fünfzig/sechzig Jahren
auf Kopfsteinpflaster zu befahren,
das Autofahren musst sich lohnen
von beiden Seiten hin und her,
so drängte sich hier der Verkehr.

Und mittendrin noch Kohlenwagen
mit Koks, Briketts vor Kellerluken,
in Säcken Kohle wurd´ getragen -
und über Straßenmitte bricht
aus Dämm´rung ein Laternenlicht -
ganz nah weit weg vergang´nes Spuken -
wie auch des Milchmanns Schelle klang,
lang ist er her, dieser Gesang.

Berndorfer Tor, der Kreisel-Platz
dort wo die Mauer einst zu Ende,
mit ihm verschwand ein kleiner Schatz.
Und auch die alte Post musst weichen,

auf Neubau standen längst die Zeichen,
und für die Straße kam die Wende,
verlor viel von dem Fachwerk-Charme
sie wurd´modern, zugleich auch arm.

Des Postgebäudes stolzer Nachbar
- Haus Schreiber Buch- und Reisehandel -
sehr klar mal die Fassade war.
Vor diesen Häusern Rotdornbäume
verschönerten die Straßenräume,
sie starben traurig in dem Wandel.
Warum, wenn Neues muss denn her,
ist das Bewahren dann so schwer?

Hotel zur Post lag vis-a vis,
und Capitol, das feine Kino,
verschwunden alles irgendwie -
so auch Behles Gemüsestand,
der sich an dieser Stelle fand,
und Whilskys Fische ebenso.
Haus Henkel, Ess- und Küchenwaren
lockt heut´ mit Fein´rem Käuferscharen.

Grad dort, wo früher Schlömers Gasthaus
am Ende einer kleinen Mauer,
entstand mit Hämmern und Gebraus
ein großes Haus mit feiner Stirne,
zuvor auch hier die Abrissbirne -
scheint so, als bliebe nichts auf Dauer,
es fielen Mauern, Dächer, Pfosten,
zum Glück grüßt Kilian noch von Osten.

Das Haus mit Treppengiebel blieb
die Nummer neun - dort residierte
Verwaltung, Sparkassenbetrieb.
Man glaubt es kaum, wie wenig Platz
und dennoch gründlich ohne Hatz
man damals Schwerstes arrangierte -
wie schön, dass man sie noch erkennt:
die Häuser Röhr und Treppen-Tent.

Ein Kleinod immer gern entdeckt,
zum Glück vom Wandel kaum berührt,
ist das Haus Curtze, langgestreckt -
statt Eisenhandel heute Mode,
auch dies ein Teil der Episode,
die ständig immer weiter führt,
der Nachtwächter, sein Ruf, die Stunde -
zum Monde heulen seine Hunde.

Cafe Welteke am nächsten Eck
ist leider auch schon Nostalgie,
verändert wird auch dieser Fleck
wie nebenan - erste Adresse
bei Feiern mit viel Raffinesse
Waldecker Hof - manch Lustpartie -
den Säuleneingang gibt´s nicht mehr
die Bank wuchs hier doch allzu sehr.

Am End der Straße, noch gewusst,
mit Treppenaufgang, hart die Sitze
lag Milchens Central-Kinolust.
Vergnügen nach den schlimmen Jahren,
wir strömten hin in großen Scharen
ohne TV, PC, nur Leinwand-Spitze,
Gedanken an die Schülerzeiten
uns hin und wieder gern begleiten.

Zurückdreh´n lässt die Uhr sich nicht,
doch vergessen will ich nie,
liegt ein Hauch von Melancholie
in jedem Licht, in jeder Sicht.
Stadt und Straße, kleines Stück
Erinn´rung, Wehmut und auch Glück,
wenn Fußgänger dort heute schlendern,
fort ist die Zeit, wer wollt das ändern?

Blick vom Kirchturm

Die alten Zeiten ich beschwor
hinauf zum Kirchturm stieg empor
zu seh´n auf meine Heimatstadt
und wie sie sich verändert hat -
dort stand ich dann erstaunt versonnen
bewundernd habe dann begonnen
zu schauen den vertrauten Ort
von meiner Brüstung oben dort
ich sah hinab aufs Häusermeer
mit Weg und Straßen kreuz und quer
dazwischen eng gewund´ne Gassen
und Bäume die Alleen fassen
erkannt sofort die starken Mauern
die unsre Zeiten überdauern
erfreute mich an Türmen Zinnen
und konnt´ dem Zauber nicht entrinnen
der ausging von den vielen Plätzen
befrachtet mit Erinnrungsschätzen -
dort unten froh ich sie erkenne
da liegt sie ja die alte Penne
o könnt den Augenblick ich halten
die Zukunft vielleicht neu gestalten
noch einmal jung dort unten steh´n
nicht wissend wie würd´s mir ergeh´n -
so durfte luftig ich verweilen
und sah die Menschen unten eilen
sie schienen mir doch sehr zu hasten
vielleicht bedrückt von vielen Lasten
die förderten solch ein Getriebe
fast planlos wirkte das Geschiebe -

so herrlich frei war ich dort oben
von Glück und Dankbarkeit umwoben
dass mir ein gütiges Geschick
bewahrte noch den klaren Blick -

Doch als begann der Krähenflug
die große Turmuhr dumpf anschlug
der Zeiger langsam weiterruckte
und ich den Kopf vor Wolken duckte
stieg ich hinab die vielen Stufen -
ganz leise hörte ich ein Rufen.

Mühsame Liebe

Ich wollt´, ich könnt die Menschen lieben
will sagen, nicht meine Nächsten nur
nein, die mich umgeben nach Belieben
ganz ohne Plan, Vorteil oder Schwur.

Dann wär´ mehr Neugier auf das Anderssein
vor Unterschieden wich die Scheu
ich könnte leichter mich auf andre freu´n
und diese Freude wäre gut und neu.

So eine Liebe scheint ein hohes Ziel
müsst Stolz und Dünkel überwinden
doch dann erhielt ich wirklich viel
weil Nähe wärmt, Distanzen schwinden.

Ich fürchte nur ich werde scheitern
bin schon zu oft vorbeigegangen
und statt das Umfeld zu erweitern
blieb ich in meiner Welt gefangen.

Vielleicht habe ich sie schlecht beschrieben
die Suche nach mehr Sinn im Leben
ich möchte gern die Menschen lieben
statt nehmen könnt ich dann mehr geben.

Ich kann es nicht mehr hören ...

Gedenktag Menschheitsverbrechen Holocaust
und immer wieder -

ich Spätgeborener lebe
im Land
der Täter und Massenmörder
ihrer willigen Gehilfen
ihrer Dulder und Wegschauer
im Land
des Rassenwahns
der Herrenmenschen
der sadistischen Vollstrecker
ohne Mitgefühl
im Land
der skrupellosen Ausbeuter
der germanisierenden Vertreiber
der gewissenlosen Kerkermeister
und jetzt in diesem Land -

wo Erschrecken und Scham
seither und immer wieder
in feiger Verdrängung
peinlicher Abwehr begegnen.

Ich kann es nicht mehr hören...
Das ist so lange her...
Auch andere Völker haben...

dieses Abwiegeln und Beschwichtigen
ist verachtenswert
denn nicht eine Schuld der Heutigen
ist zu hinterfragen
verstörend allein sind

die ständigen Versuche
durch Vergessen und verqueres Denken
die Tätergenerationen
unserer Väter und Vorväter
zu entlasten
weil auf diese Weise
Scham und Verantwortung
nicht so schwer wiegen.
Und so wird
durch Beiseiteschieben und Verharmlosen
eines monumentalen Verbrechens
in und um Deutschland
das fast vernichtete Volk der Juden
ein zweites Mal
stigmatisiert und entwürdigt -
durch uns – heute!

Zuhören

Ich möchte
gut zuhören können
viele Sätze und echte
Gefühle dir gönnen.

Ich will nicht
zu leicht weghören
und was für dich Gewicht
durch Ungeduld zerstören.

Ich möchte
dich nicht quälen
um Wesentliches brächte
durch eigenes Erzählen.

Ich will nicht
dich ständig unterbrechen
und deshalb mein Verzicht
auf unnütz selber Sprechen.

Ich möchte
dich zu Ende hören
um so die rechte
Stimmung zu beschwören.

Ich sollte zuhören!

Ich will nicht länger ...

Ich will nicht länger lügen
mich widerstrebend oft verbiegen
wenn trotz richt´ger Zeit und richt´gem Ort
ich finde nur das falsche Wort.

Ich will nicht länger schweigen
wenn andere mir zeigen
wie Sprache sich mit kalter Härte
benutzen lässt als scharfe Gerte.

Ich will nicht länger lachen
wenn manche blöde Witze machen
und dafür Beifall noch begehren
Verspottete sich meist nicht wehren.

Ich werde künftig sprechen
und falschen Frieden sofort brechen
wenn Arroganz und Dummheit schwätzt
von nun an widersprech ich jetzt.

Schwerelosigkeit

Erdenkruste - ich brach dich auf
stemmte mich mit unbändiger Kraft
aus der Umklammerung
der Dunkelheit und Enge
losgelöst von Fesseln
und Zwängen -
reckte mich der Vollkommenheit
des Universums entgegen
und berührte
mit allen meinen Gliedern und Sinnen
die warme wunderbare Erde
zärtlich liebkoste ich sie
bevor bei heraufziehender Nacht
ich noch einmal lächelnd verhielt -
und sprang
in die Schwerelosigkeit
zurück an den Anfang.

Salto mortale

Ein zaghafter Schritt
ins Leben
oder gleich ein Salto
wo liegt der Unterschied
bei diesem aufgezwungenen Wagnis
aus Finsternis zum Licht
zurück ins Dunkel?

Der Sprung ins Ungewisse
in zufällige Zeiten und Räume
ist er nicht von Anfang an
ein Salto mortale
ohne Netz
mit sich abwendendem Fänger?

Nicht Kraft und Geschick
oder Anmut
entscheiden
nicht Freude, Trauer
oder Geichmut
allein
der dreifache Überschlag
in großer Höhe.

Das Publikum schaut hoch
und kehrt zurück in den Alltag
der Springer zum Himmel
begleitet sich selbst
einmaliger Bühnenauftritt
vor verblassender Kulisse
Berge und Talsperren -
diese Sternschnuppe
erlischt
und erscheint nie wieder.

Glück

Atemlose Freude

Heut ist mal wieder so ein Tag
da voll Verwundrung ich mich frag
wonach wir suchen oft vergebens
im großen Wunder unsres Lebens
statt einfach glücklich dazusein
und uns an dem was ist zu freun
drum lehn ich mich entspannt zurück
versuch zu schärfen meinen Blick
damit rundum mir nichts entgeht
was naht und weicht was ruht und weht.

Wie herrlich ist der Sonnenstrahl
der heut sich in mein Zimmer stahl
in dessen Licht die Mücken tanzen
freudig begrüßt von allen Pflanzen
wie wunderbar das Sonnenlicht
das jede Finsternis durchbricht
das alles Hell und Klare liebt
und wohlig wärmend uns umgibt
wie aufregend das Lichtgeflimmer
beim allerersten Morgenschimmer
damit ein neuer Tag es werde
auf dieser wunderschönen Erde.

Wie winzig unterm Himmelsblau
wie wohlgeformt ein Tropfen Tau
wie köstlich ist das nasse Gras
wo eben noch die Amsel saß
wie leicht ist der Libelle Flug
der Sommerwind sie lächelnd trug
wer möchte nicht in Blumen gaukeln
wenn um ihn Schmetterlinge schaukeln.

Wie großartig sind Wolkentürme
als Boten der Gewitterstürme
wie klein scheint unser Himmelszelt
wenn endlich schwerer Regen fällt
und wenn die Wolken sich verzogen
welch Farbenpracht ein Regenbogen
der spiegelt sich ganz ohne Stützen
in jedem Bach und allen Pfützen.

Wie wunderbar ganz still allein
ist es im mächtgen Wald zu sein
wo überkommt ehrfürchtig Staunen
wenn Fels- und Baumgestalten raunen
wo tiefes weiches Moos in Matten
lädt ein zum Traum im kühlen Schatten
wo hundert Vogelstimmen klingen
die von der Lust zu leben singen.

Wie schön ist es aufs Meer zu sehn
wo Wind und Wogen rasch vergehn
um stets erneut heranzutosen
dann Land und Ufer sanft umkosen
als wollten uns des Meers Gezeiten
auf Lebenswechsel vorbereiten.

Wie eindrucksvoll der Blick vom Berg
dort Fels und Tal und hier der Zwerg
der andächtig staunend tief versunken
vor Ehrfurcht beinah ist betrunken
vor so viel Schöpfung klein und groß
die Freude macht mich atemlos.

Frühlingsglück

Die Lerche in den Himmel steigt
verkündet jubelnd Leben
die Sonne sich zur Erde neigt
will Licht und Wärme geben.

Die sanften Winde wehen
ringsum wird's grün und blüht
jetzt ist´s um mich geschehen
mein Glück ein jeder sieht.

Begegnungen mit dem Glück

Hineingetragen in unsere Welt
nach Umarmungen in Liebe
und Freude
so unglaublich schutzlos
und anrührend.

Die ersten Schreie
zur Begrüßung des Lichts
das Verlangen
nach Sättigung
unüberhörbar.

Das Erstaunen in den Augen
furchtlos und neugierig
der fragende Blick
sind wir willkommen
was erwartet uns?

Das stille Lächeln
beim Erkennen
des Gesichts der Mutter
das frohe Anlachen
nur wenig später.

Grenzenlos zärtlich
anschmiegsam
und schutzsuchend
voll Vertrauen
in unsere Hilfe und Liebe.

Losgelöst beim Spiel
Übermut
und überschäumende Fröhlichkeit
Aktivität
bis zur Übermüdung.

Ungestüme Welteroberer
offen ehrlich
geradlinig
ausschließlich
ihrem Leben verhaftet.

Ohne jeden Argwohn
gegen jeden
in hinreißender Unschuld
an der Hand
und in den Armen
ihrer Nächsten..

Kinder
leben
in Erwartung ihres Heranwachsens
auch uns zur Freude
und deshalb –
sie sind Begegnungen
mit dem Glück.

Schülerliebe

Herzspringen
stockender Atem
sieht sie meine Blicke
kommen sie zurück?

Alle Fasern schwingen
warten auf Erkennen
hoffen dieses Lächeln
gilt nur mir allein.

Gesten ganz versteckt
mein Mut wächst
ich bin nicht mehr klein
kühne Gedanken:

Wird sie denn vielleicht
mich umarmen
lieben?

Reichen mein Dasein
mein Zustand
mein Wesen
für eine Begegnung?

Verfallen bin ich Dir
ganz heftig
heute hier!

Ritt auf dem Sonnenstrahl

Ich wünscht mir nur ein einzges Mal
den Ritt auf einem Sonnenstrahl
gleich einem Blitz zur blauen Erde
damit aus Dunkel Licht dort werde
vom klaren Himmel wolkenleer
mein Sonnenstrahl trifft auf das Meer
er glänzt und funkelt in den Wellen
und ist im Wettlauf mit der schnellen
Gischt aus Wasser Luft und Schaum
den kleinen Strahl man sieht ihn kaum
er wandert langsam zu der Küste
als wenn er sie erlösen müsste
von Nacht und mattem Tagesgrau
zu schimmern hell im Morgentau
erreicht die Wiesen Moos und Gräser
und Blumen zart und klar wie Gläser
mein Sonnenstrahl hebt auch den Schleier
von dem verschwiegnen kleinen Weiher
zieht hin zum Wald zum Grün der Bäume
beendet dort der Vögel Träume
der freundlich warme Sonnenstrahl
ist für die Menschen ein Signal
er bringt hervor nach dem Erwachen
ein fröhlich freies Kinderlachen
und zaubert im Gesicht der Alten
ein Lächeln in die vielen Falten
er ist ein Trost ein Glück zumal
der kleine helle Sonnenstrahl.

Seglerglück

Leinen los die Segel setzt
frisch auf du sanfter Wind
wie gerne wir gefangen sind
wenn Wasser unser Schiffchen hetzt.

Pfeilschnell durch bläulich grüne Wellen
hochauf spritzt dichte weiße Gischt
die über Fuß und Planken zischt
zurück ins Meer die Fluten schnellen.

Tief taucht das Boot ins Wogental
nur mühsam richtet sich der Mast
trotzt Wind und auch des Wassers Last
ein kleiner Sieg ists jedes Mal.

Unendlich Meer kein Land in Sicht
der hohe Himmel weitet sich
die erste Angst allmählich wich
weiß glänzt das Boot im Sonnenlicht.

Frei ist das Meer
und frei sind auch wir
grad heute und hier
und nichts ist mehr schwer.

Ehrfurcht

Ich möchte an den Himmel reichen
um Erdenschwere zu entweichen
und dann von oben ganz gelassen
mich langsam wieder fallen lassen.

Wie herrlich müsste sein das Schweben
wie wunderbar ein solch Erleben
ganz leicht zu sein in Raum und Zeit
so dicht an der Unendlichkeit.

Des Nachts den Sternen nahe sein
am Tag erwärmt vom Sonnenschein
und als Begleiter Wind und Wolken
bei jedem Regen abgemolken
dann wieder duftig weiß und hell
mal majestätisch mal ganz schnell.
Und dann im Wind im Sturmgebraus
der Donner schleudert mich hinaus
erneut ins sanfte Abwärtsgleiten
durch riesig wunderschöne Weiten.

Wie klein ist alles aus der Sicht
wie unwichtig im Weltenlicht
und während ich zur Erde sinke
und zur Begrüßung freudig winke
da frag ich nach dem großen Plan
wer dies wohl alles hat getan
wir sind gewiss ein Teil all dessen
und haben es doch fast vergessen
d´rum sollten öfter mal bedenken
all dies wir können niemals lenken
was bleibt ist Ehrfurcht staunend still
und dass ich es genau so will.

Das Glück ist ein flüchtiger Gast

Warten auf das Glück und hoffen
ja wie denn, wo und wann?
Nicht zu erzwingen
ist es nicht einmal
zu ahnen.
Nichts und niemand kann
es schicken und belassen.
Ganz plötzlich da - betroffen . . .
dann der Versuch
es zu erfassen.

Glücksformeln können
keine Wege zeigen
als Belebung trüber Sinne,
zu Erfolg, Lust und Wohlbefinden.
Unmöglich ist´s
den Regenbogen zu besteigen
und Sonnenstrahlen festzubinden.
Nur Einklang mit sich selbst
und waches Öffnen
für die andern
sind Gewinne.

Das Glück ist ein flüchtiger Gast,
der scheut die zu wilde Umarmung,
empfiehlt seinen guten Begleiter
die dankbare Freude
die kleinste Dinge
und eben auch –
Glücksmomente umfasst.

Momente des Glücks
bewusst und froh erleben
in den Bergen, am Meer,
in vertrauter Heimat
mit geliebten Menschen und Tieren,
die geben so sehr
Gefühle der Wärme
und Sicherheit.

Glücksmomente in dieser Gestalt
sind wie ein sanftes Streicheln
wie schwerenloses Verführen
ein befreiendes Berühren
von vielerlei Dingen
die unser Leben umschmeicheln
von außen und innen klingen
als dankbar empfundener Halt.

Erfülltes Leben

Kind behütet und geborgen
lebt noch in seiner kleinen Welt
die fest ist und zusammenhält
erwartet froh den neuen Morgen
umarmt uns wie der Sommerwind
und ist so glücklich - Kind.

Stürmische Jugend - Liebe
wachsen herrlicher Tumult
wunderbare Ungeduld
und gar nichts scheint trübe
so strahlend der Blick
fast unendlich das Glück.

Und plötzlich Lebens Mitte
zurück der Blick oder nach vorn
ein sanftes Gleiten ohne Zorn
und dankbar für gewählte Schritte
die Freude jetzt am Innehalten
am Loslassen und doch Gestalten.

Erfülltes Leben im Zenith
belohnt oder vorherbestimmt
der Glückliche nur wenig nimmt
begnügt sich mit dem kleinen Schritt
wurd´ viel erreicht war es denn wichtig
entscheidend wohl war es auch richtig?

Viel Wärme noch im Herbst des Lebens
auch Abschiedsahnungen recht weit
geliehen ist sie nur die Zeit
jedoch genutzt - nichts war vergebens.
Was jetzt noch kommt erfordert Mut
die bange Frage wird es gut?

O könnt man ein erfülltes Leben
an Nächste einfach weitergeben
das wär´ bevor der Vorhang fiel
für alle wohl ein schönes Ziel -
zum Schluss ein frohes Lächeln dann
damit´s so endet wie´s begann.

Mitmenschen

Die Lust am Schrecklichen

Alleine diese Frage schon
verstört und führt zur Reflexion
gibt´s zum Schrecklichen den Hang
fast wie ein rätselhafter Zwang
am Unglück Fremder teilzuhaben
am Schrecken andrer sich zu laben
wie sind die Gaffer zu erklären
die Katastrophen stets gebären
gedrängte dichte Menschentrauben
am Ziel der bösen Lust sich glauben
beklommne Neugier blasser Zeugen
die alles hören und beäugen
ob Katastrophen, Beben, Fluten
ob große Brände, Feuersgluten
Abstürze, Untergänge, Explosionen
die schlimmsten Massenkollisionen
stets sind die Gaffer sofort da
verschlucken knapp nur ein Hurra
ob jeder neuen Sensation
der rasche Kick, das ist Passion
und auch der Menschen schlimmste Taten
aus sichrer Ferne sie geraten
zu Szenen, die woanders spielen
und wohlig Frösteln nur erzielen
wenn Völker leben unbehaust
weil wieder tobt ein Holocaust
wenn Täter kalt berechnend morden
Wahnsinn alltäglich ist geworden

wenn Menschen schlagen, foltern, quälen
und längst nicht mehr die Opfer zählen
all dies dank Medien life ins Haus
und spekulier'n noch auf Applaus
nur dann ist eine Nachricht gut
wenn sie auf Schrecklichem beruht
stets hinzuschauen, diese Lust
sind wir uns ihrer noch bewusst
wohl deshalb nur nicht echt betroffen
weil insgeheim wir immer hoffen
der andern Unglück ist weit weg
wir sind im sicheren Versteck
wohl wissend wir sind die Voyeure
dass niemand unsern Gleichmut störe!

Der Spott als Gast

Auf dem Bankett der Eitelkeiten
nicht unbedingt ein seltner Fall
trifft sich der Spott mit seinen Brüdern
um mitzutanzen auf dem Ball.

Sie waren zwar nicht eingeladen
zum Fest der schillernd Eigenliebe
doch magisch ziehn die Selbstdarsteller
sie in den Bann wie freche Diebe.

Um zu entblößen dumme Posen
mit lächelnd feiner Ironie
Geringschätzung in kleinsten Dosen
der Eitle merkt nicht was noch wie.

Zynismus sucht Gelegenheit
und schlägt den Takt jetzt schon ganz flott
Sarkasmus möchte auch nicht fehlen
schmiedet mit Häme manch Komplott.

Doch keiner scheint beim Spiel zu merken
den Spott bereits ganz dicht am Hohn
so selbstverliebt in eignen Werken
und taub für jeden andern Ton.

Drum vom Bankett der Eitelkeiten
nun weichen Spott und Spottgesellen
doch Witz Humor solln sie begleiten
wenn sie an neuen Türen schellen.

Volkslauf

Ich weiß noch heut´ wie es begann
Volkslauf im Wald für jedermann
ich ohne meinen Leib zu fragen
als Teilnehmer ward eingetragen
dabei ich hätt´s wissen müssen
ich bin beim Trab nicht g´rad verbissen.

Zweihundert oder mehr beim Start
mit Stärkungsmitteln aller Art
trainierte Körper stramme Waden
förmlich mit Energie geladen
zur Begrüßung knappes Nicken
und starke Zweifel in den Blicken.

Dann plötzlich der erschreckte Schuss
das heißt dass ich jetzt laufen muss
rund acht Minuten geht's ganz gut
doch dann verlässt er mich mein Mut
als im Gelände auf der Fläche
ich spüre meine erste Schwäche.

Da kommt die Quelle gerade recht
so herrlich kühl im Moosgeflecht
und schon beim sanften Niedersinken
entschließ´ ich mich erst mal zu trinken
ich lös´ den letzten Trikotknopf
befeuchte darauf Stirn und Kopf.

Ich komm´ dann schwer nur in die Gänge
erschrocken ob der Strecke Länge
mein Atem geht jetzt viel zu schnell
der Kreislauf spielt schon Karussell
und während Puls und Herz karriolt
ein Achtzigjährger überholt.

Zum Glück vor mir im weichen Gras
ein Vögelchen gemütlich saß
da leg ich mich entspannt dazu
verschaffe mir das bisschen Ruh´
der Vogel hüpft umher ohn´ Hast
und gönnt mir gern die kleine Rast.

Doch schließlich hab ich mich erhoben
um letzte Kräfte zu erproben
dem Ziel ich so entgegenwanke
für Mut und Zähigkeit ich danke
am Schluss als schmerzt mein armer Rücken
passiert mich noch ein Mann auf Krücken
der Zeitnehmer am Ziel ist fort
verstehe einer diesen Sport.

Und die Moral von der Geschicht´ :
Dein Können überschätze nicht
wenn viele lang und locker laufen
ohne ganz fürchterlich zu schnaufen
dann kann´s bei dir doch anders sein
und deinem Körper wird's zur Pein
halt´ inne und bestaun´ die Welt
und frag´ wer das zusammenhält.

Richteralltag

Nicht einfach hat es so ein Richter,
soll er doch sein gerechter Schlichter
bei Menschen, die im Streite liegen,
sich andrer Ansicht selten fügen.
Warum ihre Beziehung klemmt,
das tragen sie ganz ungehemmt
tagtäglich im Gerichtssaal vor -
und häufig wird´s ein Eigentor.
Gleich welchen Alters, welch´ Geschlecht:
„Ich will doch nur mein gutes Recht!“,
das ist der stets gehörte Spruch,
bedeutet oft zugleich den Bruch
jedweder guten Toleranz.
Nicht Einigung und nicht Kulanz,
nein Streit muss sein um jeden Preis,
um jeden Cent und mit viel Fleiß.
Und als Begleiter stets dabei
ist immer auch Rechthaberei.
Fast aussichtslos ist der Versuch,
zu flicken das zerschnitt´ne Tuch,
jed´ helfend Wort bleibt ungenützt,
sind die Gemüter erst erhitzt.
Es ist der Frust des Richterlebens
vermitteln ist sehr oft vergebens,
so folgt dann schnell die Urteilsschelte,
ein solcher Richterspruch nicht gelte,
und keiner hat mal den Gedanken,
doch aufzuhören mit dem Zanken.
Und weil der Richter all dies kennt,
bisweilen auch beim Namen nennt,
ist häufig er nicht g´rad beliebt,
so dass man ihm die Schuld zuschiebt,

wenn Ordnung in den eignen Dingen
partout will einem nicht gelingen.
So mag er gut sein oder schlecht,
ein Richter macht´s meist keinem recht,
und ist mal Wicht´ges zu entscheiden,
dann ist er auch nicht zu beneiden,
denn selbst zu Haus fern dem Gericht
verlässt ihn das Problem dann nicht.
Dann ist´s schon besser mit Halunken,
die mit den Taten auch noch prunken,
er setzt ein End´ der Krimi-Schau
und schickt sie in den Gitterbau,
doch Anwaltskunst, gespielte Reue,
gepaart mit jeder Menge Schläue,
befreit selbst übelstes Gelichter -
versagt hat wieder mal der Richter.

Fazit: Nach Lösungen sollten Richter streben
doch friedvoll ist es nicht, ihr Leben.

Mediziner

Nicht einfach hat´s ein Mediziner,
oft in dem Ruf als Großverdiener,
wenn die akut und chronisch Kranken
mit reichlich Moos die Mühen danken.
Doch nach der Medizinerschwemme
im Gesundheitswesen brachen Dämme,
und heute sind´s die bösen Kassen,
die Ärzte wenig Freude lassen,
so dass sich jetzt die Frage stellt,
wer wird gesund für wenig Geld?
Auch dank der Alterspyramide
heißt´s in den Praxen eh´r rigide,
dass man beim Sprechen, Raten, Heilen
sich folglich sollte mehr beeilen
und die Geräte flott durchlaufe
statt lamentieren mit Geschnaufe.
Doch Hypochonder zu erkennen
und Todeskrankheit zu benennen
bedarf Erfahrung und Geschick
und selten hilft hier nur das Glück.
Manchmal ist die Diagnose kurz:
„Ihr Trauma ist ein querer Furz“ !
Doch oft sind´s wirklich große Sorgen,
die machen Ängste vor dem Morgen,
wenn sie tagtäglich weiter wachsen,
dann füllen sich der Ärzte Praxen.
Die Kranken hoffen an dem Ort
auf off´nes Ohr und fühlend´ Wort.
Fehlt dies, ist jede Therapie
recht ähnlich einer Lotterie,

denn ohne Kenntnis vom Patienten
hilft selbst den ärztlichen Talenten
kein Schulterklopfen, Präparate,
kein Mittelchen noch Apparate.

Den Arzt am besten daran messe,
wie stark ist wirklich sein Int´resse
am Menschen, der da vor ihm klagt,
ganz gleich ob jung ob hochbetagt.

Fazit: So schlecht sind Ärzte wieder nicht
doch Dr. Sommerfeld ist nicht in Sicht.

Endlos-Erzähler

Wer kennt sie nicht
die Endlos-Viel-Erzähler
und Ganz-Schnell-Weghörer
die zu früher und auch später Stunde
beglücken die vertraute Runde?

„Wie war der Urlaub....?"
fragen sie ganz harmlos nebenbei
„Schön, in den Bergen . . . ." will ich da berichten –
„Jaaa, da war´n wir auch schon" tönt ihr Schrei
„Auf die Geschichte könnt ihr schlecht verzichten!"

Dann beginnen sie unendlich detailliert
wobei sie leider nicht bemerken
dass vieles was da ausgeführt
an Erlebnissen und tollen Werken
uns nicht so furchtbar fasziniert.

Zwischenfragen sind gestattet
doch bitte nicht so bald und oft
wenn man vom Monolog ermattet
den einen Ausweg sich erhofft
durch Themenwechsel and´rer Sprecher.

Selbst wenn´s gelingt das neue Thema
und jemand will dazu was fragen
so hör´ ich sie schon wieder sagen
„Mensch, da ist uns ein Ding passiert,
wir denken, ihr seid int´ressiert."

Und es beginnt von vorn das Ganze
sie sehen, hören, wollen nicht
verstehen - wenn nur einer spricht
dann ist das doch kein Dialog!
So wieder mal die Hoffnung trog
Alleinerzähler könnten´s schaffen
zum Zuhören sich aufzuraffen.

Ich glaub´ die Hoffnung ist vergebens
solche Erzähler sind getrieben
zu künden allen ihren Lieben
von sich, vom ich des eig´nen Lebens
dabei weit weg vom Rundgespräch.

Der Abend war nicht g´rad ein Traum
beim Abschied dann, man glaubt es kaum
da kommt doch tatsächlich der Satz
„Das war doch heut´ ein schöner Schwatz,
wie war denn euer Urlaubsplatz . . .?“

Von der Geschichte die Moral?

Wenn Schilderungen endlos dauern
gar manche Zuhörer versauern
bis sie dann schließlich nicht mehr wagen
zur Runde etwas beizutragen.
Ist das der Preis für einen Schmaus
dann bleibt man besser gleich zu Haus.

Zuletzt:
Boshafter Verseschmied gemeiner?
Nein – angesprochen fühlt sich keiner!

Vorlese-Welten

Die kleine Reihe
erwartungsfrohe Blicke
der Stuhl, das Buch, das Licht
leise – der Alte spricht
auf dass aus Bildern, Reimen, Lauten
sich die Geschichte stricke.

Gebannte Kinderstille
da Wölfe in den Wänden
Höllenhunde ohne Ketten
Löwen im Zug
verstecken, fliehen, sich retten
wird das wohl böse enden?

Jetzt Drachenflügel wachsen
tragen hoch zum Regenbogen
wo in der Nacht zuvor
noch weiße Hexen flogen -
o bitte zauber alles weg
und lass es bei dem kleinen Schreck!

Lernen und erahnen
kühne Fantasien
wie viel kann sich verzahnen
in unsrer großen Welt?
Kinder begreifen alles
selbst wenn die Katze bellt!

Weiberfastnacht

Vom Grübeln ist mein Kopf schon dumm
was treibt die Frauen Fastnacht um
bunt zu verkleiden ihre Leiber
und aufzuführen sich als Weiber
zu schminken sich und aufzuputzen
mit Flitterkram zurechtzustutzen?
Sodann wird fröhlich losgegangen
um sich nen armen Kerl zu fangen
und den, will er partout nicht bleiben
sie schreiend durch die Gassen treiben.
Um ihren Frust nicht zu entschleiern
nenn´ sie das herrlich Fastnacht-Feiern
und greifen stellvertretend für die Pipse
den Männern an die schönsten Schlipse
zerschneiden flugs das gute Stück
das trägt dann bei zu ihrem Glück.
Vielleicht ists trotz moderner Zeit
ein Mythos ihrer Fruchtbarkeit
vielleicht ists Angst auch vor Dämonen
die häufig in den Weibern wohnen
mit Lärm bekämpfen sie die Geister
kehrn dann nach Haus zurück – zum Meister!

Eheversprechen modern

Erschrecken über hohe Daten
der Fortlauf- Trennungs-Scheidungsraten
da in so fortschrittlichen Welten
Wort und Versprechen nichts mehr gelten
obwohl - ich´s kaum zu sagen wag´-
die Ehe ist doch ein Vertrag!

Was kümmert´s mich, so heißt es heute
was ist, wenn ich den Spruch bereute?
Die Ehe wird mir schlicht zum Graus
für mich ein viel zu enges Haus!

D´rum schlag´ ich vor, jetzt anders zu geloben
ganz neue Heiratstexte zu erproben
die sind vor allem viel genauer
und machen klar - nichts ist von Dauer:
„. . . in guten wie in schlechten Tagen" . .?
- Gilt nicht in allen Lebenslagen -
„. . . bis dass der Tod uns scheidet". . ?
- Nicht wenn mein Ego d´runter leidet -

Und hab´ ich mal für mich entdeckt
ein spannend neues Sexsubjekt
dann heißt es da nichts zu verpassen
und leider müsst´ ich Dich verlassen
denn - schöner wirst Du nicht, nur älter
am Ende wär´ ich ein Geprellter
wenn ich nicht mehr in Deinem Bann
wie einst mich toll verjüngen kann.

Den Umtausch könnt´man auch erwägen
wenn Krankheit kommt ganz ungelegen
denn nur gesund bist Du mir nütze
bist schwach Du, bin ich keine Stütze.
Und lebst Du nicht nach meinem Bilde
dann rechne nicht mit meiner Milde
wenn ich Dir Herz und Hand soll reichen
so musst Du mir in allem gleichen.
Stellt sich heraus, dass dies nicht geht
so ist der dumm, der nicht versteht
dass ich muss diese Bindung lösen
wenn nicht im Guten, dann im Bösen.

Du fragst Moral, Gewissen, Scham
ach weißt Du, ich bekam
von Hause aus viel List und Schläue
doch eben nicht genügend Treue
und letztlich wär´ ich kaum bekümmert
wenn meine Ehe blieb zertrümmert.

Und Kinder, was wäre denn mit Kindern?
Auch diese würden mich nicht hindern
wenn ich verspürt´ den Drang zu brechen
mein einst gegebenes Versprechen.

So denke und so lebe ich
falls Du mich willst - beeile Dich!
Doch wenn´s zur Trennung kommt, sieh´ oben
dann weine nicht und lass´ das Toben
erzähle nichts von dauerhafter Liebe
Du kanntest mich - der Rest war´n uns´re Triebe.

Kreisel

Manchmal wenn Tage grau im Leben
und Worte Gesten nichts erreichen
fühlt man von Kreiselmenschen sich umgeben
die nur sich selbst sonst keinem gleichen.

Um ihre Achse dreh´n sie aufrecht
sehr selbstbewusst und schwer verrückbar
für abweichend anderes Geflecht
fehlt dieser Gattung das Radar.

Ganz abgeschirmt in ihrer Bahn
den Fixpunkt klar im Ich gefunden
sind sie allein sich zugetan
mit andern sind sie nicht verbunden.

Ein Anstoß kümmert sie nicht schwer
auch nebenan lässt´s sich rotieren
der Schlag von wem warum woher
den Kreisel wird es nicht schockieren.

Erst wenn die Drehung Unruh zeigt
leicht taumelnd kündigt sich der Sturz
und ringsum dennoch alles schweigt
war´s Kreiselleben dann zu kurz?

Im Land der Neider

Kennt ihr das Land der massenhaften Neider,
die missgünstig stets auf and´re schielen?
Seltsam, dies Land heißt Deutschland, leider,
Heimstatt von Nörgelmenschen, ziemlich vielen.

Gleich ob im Land, ob in der Stadt,
die Unzufried´nen sind präsent,
fast jeder Neidsubjekte hat,
nicht ab und zu, nein permanent.

Da sind zunächst die mit viel Geld,
mit dicken Autos, Häusern, Reisen,
die Lebensfreude scheint vergällt,
im Kopf die Neidgedanken kreisen:
Warum solch´ üpp´ger Lebensstil,
das ist doch alles ungerecht,
die haben unverdient zu viel
es ist empörend, ist ganz schlecht.

Auch andersrum gibt´s gift´ge Blicke,
klar, Niedriglohn ist noch zu hoch,
das sind zu viele faule Stricke,
bedienen sich aus einem Trog,
der nicht geschaffen für das Nichtstun
und Leben auf der Fleiß´gen Kosten,
im sozialen Netz sich auszuruh´n
dabei noch viele aus dem Osten!

Gesundheit – Privileg der Reichen,
beim Arzt gibt es verschied´ne Klassen,
privat versichert setzt ein Zeichen,
sonst heißt es Hoffnung fahren lassen
auf teure Pillen, Ärzte Sorgfalt,
auf wirkungsvolle Therapie.
Wer kein Geld hat, wird nicht alt,
wär´ schön, es wär´ nur Ironie.

Und dann der Neid auf diese Gruppen
der Superschlauen und der Stände,
die jeden und das Volk betuppen,
ihr Leben ist schon fast Legende,
denn wenn es geht um ihren Vorteil,
um Amt und Einfluss oder Geld,
es findet sich ganz rasch ein Seil,
aus Macht und Einfluss hergestellt.
Im Wechsel werden sie beschimpft,
ob Lehrer, Ärzte, Unternehmer,
die Schmähreden sind neidgeimpft
und werden nach und nach extremer.
Auch die Beamten sind darunter,
die faul sind und meist ohne Nutzen,
der wache Neider kündet munter,
man sollte sie noch viel mehr stutzen.

Den Neid in übelster Gestalt,
der schockt und wirklich traurig macht,
der findet sich bei Jung und Alt
und hat viel Schlimmes sich erdacht:
„Auf uns´re Kosten leb´n die Alten
und überhaupt jetzt viel zu lange,
sie sollten früher doch erkalten,
so wird einem ja Angst und Bange!“

„Die Jungen wollen sofort alles
und dies ganz leicht und möglichst viel,
sie suchen ständig Leben pralles,
allein Genusssucht ist ihr Ziel!"

Die Männer Frauen oft beneiden
um Mutterfreizeit, Heim und Kind,
doch woll´n sie nicht im Haushalt leiden,
entflieh´n von dort recht gern geschwind.

Und Frauen, es ist kaum zu glauben,
die packt bisweilen doch der Neid,
dass Männer, die die Unschuld rauben,
zur Schwangerschaft sind nicht bereit!

Ja Neid ist überall und groß,
verschönt nicht gerade unser Leben -
wie wär´s, man fügt sich seinem Los
ohne nach Anderssein zu streben?

Wohlstandsklager

Was sind das doch für schlimme Zeiten
ringsum ich sehe nur noch Pleiten
umgeben bin ich von Versagern
die allesamt mein Geld belagern
und die mein Hab und Gut verfluchen
es trickreich zu verringern suchen -
was scheren mich Armutsgestalten
was ich gerafft will ich behalten.

Der Anblick nicht betuchter Greise
der stört so manche schöne Reise
da muss man wohl die Preise doppeln
um diese Alten abzukoppeln.
D´rum jette ich auf meine Insel
fern demographischem Gewinsel
nur ärgerlich die Fremdensteuern
die dort mein Leben so verteuern.

Hier auf der Finka meiner kleinen
will ich die ganze Welt beweinen
ich bin allein im Haus und leide
es fehlt an Frauen fürs Geschmeide.
Was kümmern mich die Arbeitslosen
bin selbst gebettet nicht auf Rosen
die Aktien sind fast nichts mehr wert
sie haben Hektik nur beschert.

Was sind das doch für schlimme Zeiten
wo Rentenängste uns begleiten
und sogar die chronisch Kranken
sich um ihre Gelder zanken.
O wenn doch alle weit verzögen
gesichert wäre mein Vermögen -
wenn mich nicht diese Furcht umkreiste
ob ich mir Wagen vier noch leiste.

Warum des öfter´n frag ich mich
die Leistung darf nicht lohnen sich
warum soll´n Starke Schwache tragen
ohne nach Ursachen zu fragen?
Es gab schon immer arm und reich
nur Träumereien machen gleich
die Not ringsum, ich sag es offen
macht mich nicht sonderlich betroffen
was stört, wogegen ich mich wehre
wie schwer ich meinen Wohlstand mehre.

Was kümmern mich die armen Leute
sie stör´n nur meine Lust auf´s heute
ob Greise, Kranke, Asylanten
es mögen doch die Toleranten
sich sorgen und mit ihnen teilen.
Hingegen möchte ich verweilen
in meiner eig´nen Wohlstandswelt
bestehend aus Besitz und Geld -
auch wenn wohl diese meine Sicht
wird so geteilt von manchen nicht . . .

„Unser Gott hat uns geholfen..."

In Katastrophen und Verzweiflung leben,
die Welt mit Not unfassbar überfüllt,
soll über allem doch ein Schöpfer schweben,
der sich seit jeher hat verhüllt?

Das Universum unfassbar als Gebilde
schwer zu erklär´n mit Raum und Zeit,
die Sonne mit Planeten im Gefilde
auch uns´re Erde im Geleit.

Das all´ und jedes, was sich hier bewegt,
ist dies nur Spielzeug eines Weltenlenkers,
der Hell und Dunkel nach Belieben legt
und eingreift in der Art des Henkers?

Was macht den Sinn, wenn ein Volk auserkoren,
die andern bettelarm und niemals reich,
wer entscheidet, dass Menschen sind verloren,
weil die Bedingungen nicht gleich?

Mit Gut und Böse lässt sich nichts erklären,
auch Schicksalsschläge nicht gerecht,
wenn es denn nur die Schlimmen wären,
blieb´ nicht so unscharf das Geflecht.

All´ dies erscheint wie eine schwarze Wand,
davor dahinter nur Fassade,
er sucht, begreift rein gar nichts - der Verstand,
und wird vertröstet dann - mit Gnade.

Doch weshalb wohl auf Gnade hoffen,
gibt's diese mit und ohne Schuld?
Auch der Gedanke macht betroffen,
denn wie denn Schuld in dem Tumult?
„Unser Gott hat uns geholfen . . .“
Ja welcher denn, und wer ist „unser“?

Es bleibt ein Schock, wenn mein Haus hält,
doch Nachbars Haus in Trümmer fällt,
hab´ heute ich den güt´gen Gott
und der vom Nachbarn übt Boykott?
Wieso gibt´s unverdient ein Unten und ein Oben,
wer traut sich, das als Fügung gar zu loben?
Warum gibt´s Menschen ohne Brot
und Kinder mit so frühem Tod?
Nichts ändert sich, es dauern fort
Verbrechenskriege, Völkermord . . .

Geholfen hat uns unser Gott?
Ja falls es ihn denn gibt
und er auch seine Schöpfung liebt,
warum dann auf so böse Weise?

Wer kann das Maß des Unrechts fassen,
wir woll´n doch lieben und nicht hassen,
es ist so schwer in all´ dem Grau´n
in Angst und Tränen aufzuschau´n
zu einem Retter, der nur schläft . . ?

Warte mal . . . !

Wer kennt sie nicht, die kurze Bitte
stoppt unsern Arm und unsre Schritte
fast täglich kleines Haltsignal
so mach das nicht und warte mal!

Das geht schon los bei der Geburt
wenn Hebamme nicht richtig spurt
erst Freude, Angst und dann die Qual
so komm doch Kind, nein warte mal!

Und später dann beim Laufenlernen
beim allerersten Mal Entfernen
wart mal, mein Schatz, so bleib doch stehen
Du kannst doch noch nicht sicher gehen!

Am Tisch, beim Essen und beim Trinken
man möchte in den Boden sinken
wart doch, auf dass dein Stuhl nicht kippt
zu spät - das Kind hat grad so schön gewippt.

Und wenn die Schulzeit langsam naht
man hört ihn oft, den klugen Rat
wart mal Liebling, einmal da drinnen
kannst jahrelang nicht mehr entrinnen.

Für Kinder scheinen sie oft schwer
die strengen Regeln im Verkehr
nun warte mal, rot ist die Ampel
sie wird nicht grün durch dein Gehampel.

Stichwort Verkehr, Sexualität
nicht gar so früh, besser leicht spät
wenn Kindfrau kreißt in diesem Saal
dann ist´s vorbei mit warte mal.

Das gilt auch für zu rasche Ehen
beim Ja-Wort ist´s nun mal geschehen
stellt sich heraus die falsche Wahl
so ist´s zu spät für warte mal.

Ein Wartemal beim Schuldenmachen
nebst Zinsen in die Gläubger-Rachen
würd verhindern manchen Frust
und merklich steigern Lebenslust.

Das Warte mal sollt man auch hören
wenn Ratschläge, ungefragte, stören
man weiß sonst nicht so recht bestimmt
wie gern der andre sie vernimmt.

Wenn´s heißt, die Freundschaft zu beenden
dann sollte man Verstand verschwenden
vielleicht ein Warte mal wär richtig
ein Überdenken schon ganz wichtig.

Warte mal - ein kluges Wort
ist vonnöten auch beim Sport
bei Sorgen um den Arm, das Bein
Extrem-Bewegung schafft nur Pein.

Geht es schließlich ans Vererben
kann man leicht sehr viel verderben
denn schenken mit der warmen Hand
da warte mal, das ist riskant.

Ist man dann alt und aus dem Leim
preist ringsum alle Welt ein Heim
auch dann scheint warte mal nicht schlecht
solang zu Haus man kommt zurecht.

Und endlich - vor Gevatter Tod
versucht man da in letzter Not
ihm „warte mal" leis zuzuflüstern -
„vielleicht - doch nein" wird er dann wispern.

Verbleibende Zeit

Lichtdunkles Farbenspiel

Das Leben ist ein Farbenspiel
aus Hoffnungs-Grün
und Liebes-Rot
bis Treue-Blau
Doch später manche Farben flieh´n
wenn Buntes wechselt dann ins Grau
das helle Licht droht zu ermatten
und dunkel scheint jetzt das Gedränge
auf Wegen in das Reich der Schatten.
Es fehlt indessen ein Bericht
ob uns´re Augen nicht gestatten
den Blick durch Schwarz auf neues Licht.

Traurigkeit

Schleier von Traurigkeit
flattern heran
ich spüre
sie beginnen
mich eng zu umfangen.

Hüllen mich ein
ich kann nicht fliehn
grenzenlose Schwermut
trübe Gedanken ziehn
und kehren doch zurück.

Ich kann den Kreis der Trauer
nicht verlassen
kein Trost in Wehmut oder
Melancholie diesen blassen
Schwestern des Trübsinns.

Schleier der Traurigkeit
jetzt ganz dicht
vielleicht ein Wunder
bringt neues Licht
Hoffnung auf meinem Weg?

Durchreise

Rasender Zug
durch die Zeit
mein Zug
dunkel und lautlos
auf der Fahrt
von gestern ins Nichts
letzter Gruß des Meeres
Abschiedswinken
Flüsse – Wiesen – Berge
in tiefen Schatten
vor mattem Licht
Menschen
weit weg
einsam
mein Zug.

Einsamkeit

Von Zeit zu Zeit
bricht sie hervor
die Einsamkeit
verriegelt das Tor
zu gewohntem Leben
und vertrauten Kreisen
alte Ängste weben
Schleier zum Vergreisen.

Enttäuscht von allen
Freunden dies nicht waren
wollten gefallen
aber nichts erfahren.

Sehnsucht nach verlor´ner Liebe
zärtlicher Geborgenheit
unnütz Rädchen im Getriebe
in der viel zu raschen Zeit.

Anhaltende Trauer
um verlorene Gefühle
höher wächst die Mauer
schmerzhaft wird die Kühle.

Einsam selbst in froher Menge
losgelöst auch nicht beim Wein
immer wieder diese Enge
und enttäuscht allein zu sein.

Fürchte es wird nicht gelingen
Einsamkeit gleich Harmonie
lässt sich eben nichts erzwingen
bleibt so nur Melancholie.

Versäumnisse

So rasen die Tage
durch das Jahr
war´n sie nicht da?
Verpasste Gelegenheiten
in jetzt leeren Räumen
ein stetes Versäumen!

Kein Schritt entgegen
keine Hand ausgestreckt
das Lächeln versteckt
ein falsches Ja
statt ehrlichem Nein
viel Schein – nur Schein!

Verschlossen die Ohren
kein Rufen erhört
weil Lärm so verstört
engspaltig die Augen
denn offenes Sehen
könnte verstehen.

So rasten die Tage
durch das Jahr
und wehten fort
das leise Wort
und nichts geschah -
hilflose Gesten
erkanntes Versäumen
Glück nur in Träumen?

Hände

Meine alten Hände
sind wie Wände
die mich halten wollen
aber rissig sind
so dass dem Wind
sie nicht mehr wehren
wenn er mich taumeln lässt -
meine alten Hände
halten nichts mehr fest
und ruhen oft zu lange
wenn ich nichts empfange
ohne Erwartung bin.

So nicht

Sehr erschrocken
hör´ und seh´ ich sie,
die oft im Alter mich umgeben,
so wie sie sind will ich nie
kreisen nur um´s eig´ne Leben.

Verwundert ärgert´s
ihnen zuzuhören
wie sie im öden Redeschwall
an Langeweile sich nicht stören –
ich, mein und mir - kein and´rer Fall . .

Gänzlich unmöglich scheint´s
die enge Stirn zu überwinden
gegen alles, was nicht ihre Welt,
sie suchen nicht und woll´n nicht finden,
was uns bedrückt und aufrecht hält.

Begegnungen mit ihnen
gleichen trostlosen Monologen
ohne jeden Brückenschlag,
die Eigenlieb´ in endlos Wogen -
und ich zu feige, dass ich´s sag!

Keine Fragen
nach dem, was uns bewegt,
nach Kindern, Enkeln, Tieren,
was man sonst gerne hegt und pflegt,
was man befürchtet zu verlieren.

Stattdessen lange Litaneien
um Krankheit und verfehlte Pläne,
was ungut ist und nichts mehr wird,
dies Leben eine Unglückssträhne -
wer´s anders sieht, na ja, der irrt.

Nein, so will ich nicht älter werden
so reduziert und abgeschottet,
so furchtbar traurig ichbezogen
und vor dem Tod schon eingemottet,
dem Leben einfach fortgeflogen -
der Mitwelt nur zum Überdruss.

So nicht, dann lieber früher Schluss!

Mit den Kranichen . . .

Mit den Kranichen möchte ich ziehn
im Sonnenlicht und unter Sternen
dem bleischweren Gleichmut hier entfliehn
mich von allem weit entfernen.

Mit den Kranichen mögen die Winde mich tragen
gen Süden zu Sümpfen und weißschimmernden Stränden
wo so entrückt von Menschenklagen
die Vögel Schutz und Heimat fänden.

Mit den Kranichen unter formschönen Keilen
möge mein altes Land endgültig versinken
nur mit den Kranichen fliegen und verweilen
das wünsch ich mir ganz ohne Abschiedswinken.

Was bleibt?

Eine Frage, wenn ich nicht schlafen kann,
die wiederkehrend oft mich umtreibt,
ist was von meinem Leben bleibt,
gibt´s Spuren, wie es denn verrann
und Hinweise wann was begann?

Gewiss gibt´s Fotos in Büchern, an Wänden,
doch selten wird man davor verweilen
und auch auf´s Lesen gereimter Zeilen
wird man nur wenig Zeit verschwenden,
und selten lohnt es zurückzublenden.

Der Stein auf dem Friedhof, auf dem Grab
nennt Namen, Geburt und Todesjahr,
doch nichts was meinen Nächsten ich war,
wie´s aussah mein Leben, und was es mir gab.

Was bleibt sind Gedanken, Erinnerungen,
ähnelnde Gesichter oder Gesten eben
der Lieben, die haben durch mich ihr Leben
auch sie sind inzwischen nicht mehr die Jungen.

So wünsche ich für meinen Abschied
ein heiter-schwermütiges Lied
das leis-harmonisch soll erklingen
erzählen soll von vielen Dingen
die mir im Leben wichtig waren
sich täglich neu uns offenbaren
wie Regen, Sonne, Sturm und Wind,
in jedem Haus ein lachend Kind.

Gemisch am Schluss aus Wehmut, Spott
der Glaube nahe am Boykott.
Mein Leben war mal Kür, mal Pflicht
was bleibt – ich weiß es wirklich nicht.

Ohne Hoffnung

Flucht aus der verlor´nen Zeit
Ankunft gleicht dem frühen Abschied
Schmerz und Trauer himmelweit
Leere wie ein stummes Lied.

Nichts von uns wird überdauern
Sich´res löst sich und entschwindet
und so bleibt nur das Erschauern
alles fließt und gar nichts bindet.

Wer hat uns so ausgelost
und uns dann hierher gestoßen
lässt uns ohne jeden Trost
ausgestattet nur mit Posen?

Folglich ist da nichts zu hoffen
Zufall scheint des Lebens Grund
sind wir deshalb so betroffen
Glaube nur ein Vagabund?

Stundenglas

Hältst das Stundenglas
mehr zum Spaß
und stellst es hin
wie Lebenszeitbeginn.

Voll das Glas zunächst
schaust und überlegst
wie der Sand geschwind
ständig niederrinnt.

Ohne Stillstand
stürzt der Sand
gar nichts hält ihn auf
wie des Lebens Lauf.

Unvermittelt stellst du fest
es rinnt nur noch ein kleiner Rest
wie Lebenszeit die bald abläuft
der Sand im Glas ist angehäuft.

Weil das Bild nicht wich
fröstelte es dich
zweifeltest am rechten Maß
kipptest rasch das Stundenglas.

Bald auch wir?

Sie erschrecken uns,
die wir nicht viel jünger -
alte, verwirrte Menschen,
der Greis, die Greisin,
in bedrückender Einsamkeit
nach Lebensgeschlinger.

Zwar sind sie noch hier,
doch auch schon weit fort,
wie ein Boot auf dem Meer
ziellos treibend,
des Ruders, des Segels, der Leinen beraubt
beim Ablegen ohne ein Wort.

Längst verharrend in einer Welt,
in die wir nicht folgen können -
soll man es Gleichmut nennen?
Wie ein fallendes Blatt
der Erde entgegen schwebend
und dem Vergehen.

Die unsicheren Gesten
die suchende Sprache
die ziellosen Blicke
im leisen Raum
bei abnehmendem Licht
wo alles zerbricht.

Ist ein solches Erleben vor dem Ende
bald auch unser Schicksal?

Zeit

Ruhelos bist du
begleitest mich fast hastig
obwohl mein Atem schon schwerer
winkst mir zu
und fliehst
unendlich weit -
meine Zeit.

Minuten - Stunden - Tage
verrinnen
nicht sacht
Jahre gehen
bevor sie beginnen
Gedanken -
nicht zu Ende gedacht.

Nimmermüde bist du
an den Fäden ziehst
umhüllst und
bedrohst mich
dann letzte Zartheit
bevor der Kreis sich schließt
meiner Zeit.

Wie immer . . .

Wie immer, ja so dachte ich
als mir die Jahre kürzer schienen
doch sah ich ringsum in den Minen
ein Lächeln nur - da irrst du dich!

Nichts ist wie immer- falscher Schein
ringsum der schnelle Wandel
vergebens jeder Handel
aus Wasser wird nun mal kein Wein.

Wie immer lachen und auch weinen
die neue Furcht ganz rasch verneinen
doch trau ich mir da selber nicht
so schaff´ ich keine Zuversicht.

Nichts ist wie immer
nicht sehen, hören, denken, fühlen
statt Zuversicht nur noch Geflimmer
und in Erinnerungen wühlen.

Das einst so helle Licht wird matter
ich such´ nach Wärme und nach Nähe
im Dunkeln harrt schon der Bestatter
den auch beim Wegschau´n ich noch sehe.

Es scheint, als würde es jetzt schlimmer
ich bin erstaunt – es ist wie immer!

Zerrissenheit

Woher, wohin, ich treibe nur,
stets unterwegs, doch ohne Ziel,
sehr viele Halts und keine Spur,
die schärfer ist als Schattenspiel.

Erschrecken um versäumte Zeit
ist allzu oft nur der Begleiter,
es gibt kein ruhiges Geleit,
er scheint schon nah, der dunkle Reiter.

Ich schließe Augen und auch Ohren
und möchte länger mich nicht quälen,
so gebe alles ich verloren,
und alles wird mir dennoch fehlen.

Brücke ohne Wiederkehr

Auf breiter Brücke fester Schritt
nach vorne stets voraus zu schauen
ganz sicher, dass noch nichts entglitt
der Brücke, ihrem Stand zu trauen.

Der Weg zunächst im hellen Licht
die kühne Brücke lädt zum Gang
doch schemenhaft wird bald die Sicht
aufs Ufer - da die Brücke lang.

Dann rechts und links die ersten Schatten
und Umkehr flüsternde Gedanken
ringsum die Farben jetzt ermatten
derweil die Brücke scheint zu schwanken.

Nicht länger sicher ist der Weg
es ist zu spät für eine Wende
die stolze Brücke nur noch Steg
fernab vom Ziel, doch nah am Ende.

Nun die Erkenntnis kein Zurück
war das schon alles, war´s zu kurz
nach hinten einen letzten Blick -
bevor ins Nichts der jähe Sturz.

..

Verlorene Zeit

Ich habe mich verloren
flüstert die Zeit
weiß nicht wie ich geboren
doch nun bin ich´s leid.

Seht zu wie ihr es schafft
ganz ohne mich
ich bin derzeit total erschlafft
und lasse euch im Stich.

Klagt nicht wie soll das werden
so ohne Zeit und ohne Raum
da lach´ ich nur ob der Beschwerden
ich bin ja weg und hör´ sie kaum.

Ja zeitfern müsst ihr fortan leben
kein Gestern Heute oder Morgen
kein vorher nachher wird es geben
gewiss auch keine Zukunftssorgen.

Man hört nicht mehr das Wörtchen wann
und keine Fragen nach wie lange
ein jeder strampelt wie er kann
ist zeitlos unentwegt zugange.

Ab jetzt die Zeit kann nicht mehr fließen
sinnlos die Uhren und Kalender
gleichzeitig wird sich nichts erschließen
wer künftig plant ist Zeitverschwender.

So haltet inne und gebt acht
lasst euch von Hell und Dunkel leiten
es zählen nur noch Tag und Nacht
und sicher auch die Jahreszeiten.

Verloren seid ihr dennoch nicht
ihr müsst nur gänzlich anders denken
ihr Zwerge hier im Weltenlicht
sollt zeitlos euch und alles lenken.

Von nun an Werden und Vergehen
mich kümmert nicht wie das geschieht
ihr müsst nun warten und verstehen
bis eine neue Zeit aufzieht.

Tod eines Freundes

Fort bist Du, ganz einfach fortgeweht
so ahnungslos der letzte Abschied
der alle großen Gesten mied
unser Erschrecken kommt zu spät.

Fortgeweht aus unserm Leben
auch Deines noch so unvollendet
die Sanduhr plötzlich umgewendet
und keine Hilfe ward gegeben.

Wir sehen noch Dein Lächeln, Dein Gesicht
wir hören noch Deiner Stimme Klang
unsere Sinne lauschen dem Gesang
des Herzens, das traurig von Vergangen spricht.

Erinnern wird von nun an uns begleiten
und Dankbarkeit, dass es Dich gab
nur ein Gedenkplatz ist das Grab
bei uns bist Du für alle Zeiten.

Todesnähe

Wenn ringsum alles weitergeht
als wäre nichts geschehen
die Welt nicht plötzlich stille steht
kein Mensch scheint zu verstehen
dann will so vieles rasch entgleiten
nur Trauer droht sich auszubreiten.

Warum erwacht ein neuer Tag
und mit ihm Mensch und Tier
warum ist alles was ich sag
wie ein Gespräch mit mir
warum nur ist mein Glaube klein
bin ich mit Ängsten so allein?

Ein Mensch ist fortgegangen
der mir sehr nahe stand
nun plötzlich das Verlangen
ein Blick in jenes Land -
bin ich noch hier, bin ich schon fort
es ist nicht mehr derselbe Ort.

Warum der helle Sonnenschein
und leiser Wind in meinen Bäumen
kein Innehalten in dem Sein
kein Fluchtweg aus den schlechten Träumen?
Ja hab ich es denn nicht gewusst:
der Tod ist mehr als nur Verlust.

Er grüßt und wählt nicht nur die andern
schafft mit der Sichel reichlich Platz
er winkt auch mir schon zu beim Wandern:
„Die letzten Jahre sind ein Schatz"
so flüstert er und schaut verlegen -
„Noch ein paar Jahre" klingt verwegen.

Fährmann Charon

Ich steh am Ufer meines Flusses
bin ruhig jetzt und schau ins Dunkel
die Bitternis des Abschiedskusses
das letzte Licht nur noch Gefunkel.

Ich seh´ ihn drüben diesen blassen
Fährmann aus der Unterwelt
er mischt die Karten ganz gelassen
und weiß dass gleich auch meine fällt.

Nun sieht er langsam auf
und zeigt mir meine Karte
schwarz ist der Styx an dessen Lauf
ich nicht mehr ängstlich warte.

Er winkt mir zu und lächelt
sein Nachen teilt die Flut
der Flusswind leise fächelt
ich brauche keinen Mut.

Charon ist jetzt ganz nah
sein Mantel mich umhüllt
und was ich bin und war
es hat sich nun erfüllt.

Nach unserm Tode, Liebste . . .

bleibt etwas, was wir uns hier waren,
wie nah wir uns in all´ den Jahren?

Ich denke schon . . .
dass Staub und Asche nicht allein
beenden das Zusammensein,
nein, wie soll ich´s beschreiben,
ich glaube, uns´re Seelen bleiben.

Ich spüre oft . . .
das Leben ist uns nur geliehen,
ganz kurz der Weg und klein der Schritt,
doch zeitlos uns´re Seelen ziehen
und führen unser Leben mit.

Ich träume dann . . .
wie deine Seele und auch meine
gemeinsam sind auf ew´ger Reise,
Erinnerung im Weltenscheine
an unser beider Lebensweise.

Ich fühle sacht . . .
wie wir sind dann bei unsern Lieben,
die schon gegangen, noch geblieben,
und uns´re Seelen sind
bei jedem Vorfahr, Kind und Kindeskind.

Ich ahne fast . . . .
wir sind auch nach dem Tode noch ein Paar,
denn uns´re Seelen leben fort
in allen Zeiten, Jahr um Jahr,
an jedem Platz und jedem Ort.

Sag´ Liebste, wovor soll´n wir ernsthaft bangen,
wenn einer geht, der and´re wird ihn fangen
und uns´re Seelen werden sich vereinen,
des andern Tod woll´n lächelnd wir beweinen.

Inhalt